Angelika Kipp

Kinderleichte Filzideen

mit Filz
und Tonkarton

Wau! Wau!

Der Kopf und die Nase des witzigen Hundes sind mit Füllwatte dick gepolstert (siehe Seite 5). Das Kopfteil mit den blauen, mit Filz beklebten Ohren, der dicken Nase und den Wackelaugen wird am Körper befestigt. Das liebe Lachen des Hundes ist mit einem schwarzen Filzstift aufgemalt. Niedlich!

Motivhöhe

ca. 21 cm

Material

- Tonkarton, A4: orange
- Tonkartonrest: blau, schwarz
- Filz, A4: orange
- Filzrest: schwarz, blau
- 2 Wackelaugen, ø 1,8 cm

Vorlagenbogen 1A

Reinzeichnungen: Berthold Kipp
Fotos: frechverlag GmbH, 70499 Stuttgart; Fotostudio Ullrich & Co., Renningen

Dieses Buch enthält: 2 Vorlagenbogen

Auflage: 5. 4. 3. 2. 1. | Letzte Zahlen maßgebend
Jahr: 2006 2005 2004 2003 2002

frechverlag GmbH, 70499 Stuttgart
Druck: frechdruck GmbH, 70499 Stuttgart

ISBN 3-7724-3053-8 · Best.-Nr. 3053

Filz und Tonkarton

machen diese lustigen Gesellen aus – eine flauschige Kombination. Besonders nett wirken die süßen Tiere und Clowns mit ihren dick gepolsterten Pausbacken, Bäuchen oder netten Accessoires: Die Hosentasche des Bären ist ganz prall – gut ausgestopft mit Füllwatte. Prall unterfüttert sieht auch der Bart des Weihnachtsmannes ganz bauschig aus.

Ob als Fensterbilder, Stecker, Mobile oder ganze Tischdekoration – diese niedlichen Gesellen erheitern Sie an jedem Tag des Jahres. Im Winter tanzt der Schneemann zum Takt der zur Erde schwebenden Schneeflocken, im Frühling gesellt sich ein putziges Häschen mit dickem Bauch zu munter gackernden Hühnern, im Sommer liegt ein noch ganz tollpatschiges Küken am Teich und im Herbst spaziert der Igel im Laub.

Genießen Sie den flauschigen 3D-Spaß!

Ihre Angelika Kipp

Ihre Grundausstattung

Diese Materialien und Hilfsmittel sollten Sie immer zur Hand haben, sie werden in den Materiallisten nicht gesondert erwähnt.

- Transparentpapier
- Bleistift und Radiergummi
- Pappe, dünn
- Schere
- Cutter mit Schneideunterlage
- Filzstift (auch permanent): schwarz
- Nadel und Faden
- Füllwatte
- Klebestift, Klebstoff
- Messingdraht
- Locher

Genaue Materialangaben finden Sie beim jeweiligen Motiv.

Schritt für Schritt

Schleifen binden

1. und **2.**
Orientieren Sie sich beim Legen des Schleifenbandes an den Abbildungen.

3.
Mit einem dünnen Draht wird die Schleife dort, wo sich die Bänder treffen, zusammengerafft und mehrmals straff umwickelt. Zum Schluss werden die Drahtenden miteinander verdreht. Umwickeln Sie die Raffstelle mit dünnem Schleifenband und verknoten Sie es auf der Rückseite.

Filz aufkleben

1.
Übertragen Sie alle benötigten Einzelteile des Motivs ohne Überschneidungen auf ein Transparentpapier und kleben Sie dieses auf eine dünne Pappe. Die ausgeschnittenen Einzelteile dienen als Schablonen.

2.
Mithilfe dieser Schablonen arbeiten Sie die benötigten Motivteile aus Tonkarton. Legen Sie die Schablone auf das Material, umfahren Sie sie mit einem Stift und schneiden Sie die Einzelteile aus.

3.
Für die dicken Bäuche und andere Hervorhebungen kleben Sie etwas Füllwatte mittig auf den Karton. Sparen Sie dabei jedoch einen mindestens 8 mm breiten Tonkartonrand aus. Dann bestreichen Sie den Tonkartonrand mit einem Klebestift und kleben den Filz auf.

4. und **5.**
Nehmen Sie eine ausreichend große Filzplatte zur Hand und legen Sie diese über die Füllwatte auf den Tonkartonrand. Drücken Sie mit den Fingern den Filz auf. Überstehende Filzreste schneiden Sie mit einer scharfen Schere oder einem Cutter ab. Manchmal ist es nötig, einige Stellen mit dem Klebestift nachzukleben.
Wollen Sie Filz flächig auf Tonkarton kleben, bestreichen Sie diesen mit einem Klebestift und drücken Sie den Filz auf. Dann schneiden Sie die überstehenden Filzränder ab.

1

2

3

4

5

Schön bunt!

Zeichnen Sie das Gesicht auf. Das Haarteil wird von hinten, der mit Filz beklebte Tonkartonhut samt des Pompons von vorn ergänzt. Den Körper des Clowns polstern Sie mit Füllwatte (siehe Seite 5). Beim Aufkleben des Filzes sparen Sie die Stellen aus, an denen das Fußpaar und die Hände eingesetzt werden, da diese später zwischen Tonkarton und Filz eingeschoben werden. Ergänzen Sie den mit Tonkarton unterlegten Filzkragen und fügen Sie dann die Körperteile zusammen. Die Glocken befestigen Sie mit Schleifenband. Fädeln Sie Pompons auf einen Faden und dekorieren Sie das Motiv an der mit einer Schleife geschmückten Messingstange.

Motivhöhe

Clown ca. 31 cm

Material

- Tonkarton, A4: rot
- Tonkartonrest: haut, gelb, grün, blau, weiß, lila
- Filz, A4: rot
- Filzrest: lila, gelb, blau, grün
- Pompons in verschiedenen Farben, ø 1,5 cm
- 2 Metallglöckchen, ø 1,5 cm
- Messingstab, ø 2 mm, 43 cm lang
- Schleifenband, 1 cm breit, 30 cm lang: blau kariert
- Schleifenband, 4 mm breit, 12 cm lang: gelb

Vorlagenbogen 1A

Überraschungsclown

(Beschreibung auf Seite 10)

Motivhöhe

ca. 16,5 cm

Material

- Tonkarton, A2: grau
- Filz, A2: grau
- Filzrest: rot, gelb, blau
- 4 Wackelaugen, ø 1,8 cm
- 2 Federn: gelb

Vorlagenbogen 1A

Bonbon-elefant

Bekleben Sie die grauen Tonkartonformen von der Innenseite flächig mit Filz, die Außenseiten polstern Sie dick mit Füllwatte aus (siehe Seite 5). Zeichnen Sie die gepunkteten Linien (siehe Vorlagenbogen) auf. Dann erhalten beide Elefantenteile die wärmenden Decken, die Ohren, die Augen und die schmückenden Federn. Für das Innenteil knicken Sie den Zackenrand des Kartonrechtecks nach innen. Falten Sie das Mittelteil zum Körbchen und kleben Sie es am Zackenrand zwischen die zwei Elefanten (siehe Vorlagenbogen).
Diesen süßen Elefanten mögen alle Kinder gern.

Überraschungsclown

(Abbildung auch auf Seite 8)

Motivhöhe

ca. 34,5 cm

Material

- Filz, 32 cm x 30 cm und 12 cm x 3 cm: rot
- Filzrest: orange, blau, gelb, grün
- Tonkartonrest: rot, weiß, hellorange
- 2 Wackelaugen, ø 1,2 cm
- Schleifenband, 2,5 cm breit, 35 cm lang: grün-gelb kariert
- Schleifenband, 4 mm breit, 8 cm lang: blau
- Pompon, ø 6 cm: gelb
- Saftflasche

Vorlagenbogen 1A

Umwickeln Sie die Saftflasche mit dem roten Filzstück und verkleben Sie dieses. Raffen Sie den oberen Teil mit Nähgarn zusammen. Ein Pompon verdeckt die Raffstelle. Die so entstandene Mützenform polstern Sie mit wenig Füllwatte aus. Damit die Flasche nicht herausrutscht, kleben Sie unten einen Filzstreifen von innen gegen die Filzummantelung.

Fügen Sie die Gesichtsteile des Clowns zusammen und zeichnen Sie den Mund und die Ohrstriche auf.

Für die Haare kleben Sie den Filz flächig auf den Tonkarton und fixieren diesen dann hinter dem Gesicht. Kleben Sie das Kopfteil auf und verzieren Sie den Clown mit vielen bunten Punkten. Fertigen Sie die Schleife (siehe Seite 4), umwickeln Sie die Raffstelle mit dünnem Schleifenband und bringen Sie sie unter dem Gesicht an.

Ein fröhliches, gesundes Mitbringsel.

Es wird Frühling

Zeichnen Sie dem Schaf das Gesicht auf. Die weißen Fellstücke polstern Sie mit Füllwatte (siehe Seite 5) aus. Ergänzen Sie dann das Kopfteil von vorn, die Beine von hinten. Die Bambusstäbe binden Sie mit Messingdraht zusammen. Dekorieren Sie das Dreieck mit einer Efeugirlande, wobei Sie die Grundfläche doppelt umwickeln. Hier bringen Sie auch einige Holzperlen an; fädeln Sie diese auf einen Draht und drehen Sie sie jeweils um die eigene Achse, damit sie nicht verrutschen. Mit dem Perlendraht umwickeln Sie die grüne Wiese. Schmücken Sie das Dreieck mit Schleifen und Federn und hängen Sie zuletzt das Schäfchen ein. Mäh! Mäh!

Motivhöhe

Schaf ca. 15 cm

Material

- Tonkartonrest: weiß, rosa
- Filzrest: weiß
- 3 Bambusstöcke, ø 1,3 cm, 40 cm lang: grün
- Ca. 15 Holzperlen, ø 6 mm: gelb
- Efeugirlande, ca. 2,5 m lang
- Schleifenband, 2,5 cm breit, 1,5 m lang: gelb
- Schleifenband, 4 mm breit, 24 cm lang: gelb
- 4 Federn: gelb

Vorlagenbogen 1B

Echte Freunde

Kleben Sie wie auf Seite 5 beschrieben die Watte und den Filz auf. Bei den Hühnern wird der gesamte Körper, beim Hasen der Bauch gut gefüllt. Sparen Sie bei den Hühnern den Klebstoff am Schnabel und am Kamm aus. Diese Tonkartonteile fixieren Sie anschließend zwischen dem Filz und dem Tonkarton. Die Flügel der Hühner – sie sind aus Filz – die Hautlappen und die Augen ergänzen Sie von vorn.
Kleben Sie dem Hasen die Innenohrteile, seine Nase, die Barthaare, das Augenpaar sowie das Hemd auf. Der Mund ist aufgemalt. Befestigen Sie die Tierchen an einem Ast, und schmücken Sie diesen mit Schleifen.
Ein schöner Schmuck – zu Ostern und ohne Hasen noch lange danach!

Tipp

Diese Tiere schweben frei und sollten deshalb beidseitig, einmal spiegelbildlich, gearbeitet werden. Beim Hasen brauchen Sie nur ein zweites Hemdchen und einen Füllwattebausch als Schwänzchen aufkleben.

Motivhöhe

Huhn ca. 9,5 cm, Hase ca. 26 cm

Material

- Tonkarton, A3: weiß
- Tonkarton, A4: braun
- Tonkartonrest: hellbraun, schwarz, rot, gelb
- Filz, A3: weiß, braun
- Filzrest: gelb, rot
- Wackelaugen, 3 x ø 1,2 cm und 2 x ø 1,4 cm
- Schleifenband, 2,5 cm breit, 1,5 m lang: rot
- Schleifenband, 8 mm breit, 10 cm lang: rot
- Zweig

Vorlagenbogen 1B

Österlicher Frühstückstisch

Für die Eierwärmer schneiden Sie die jeweilige Grundform doppelt aus. Tragen Sie ca. 3 mm vom Rand Klebstoff auf und fügen Sie die Formen zusammen. Beim Hahn kleben Sie dabei Schnabel und Federn mit ein, beim Hasen die Pfoten. In die Ohren des Hasen arbeiten Sie ein Stück Tonkarton ein, so stehen sie gut. Dann fixieren Sie beim Federvieh die Hautlappen, Kämme und den Hühnerschnabel, beim Hasen Nase und Herz. Kleben Sie die Augen auf und malen Sie den Hasenmund. Auf der Rückseite erhält der Hase einen kleinen Füllwatteschwanz.

Stopfen Sie nun die Eierwärmer im Kopfbereich mit etwas Füllwatte aus.

Die Ente arbeiten Sie wie auf Seite 5 beschrieben, den Schnabel befestigen Sie zwischen dem Tonkarton und dem Filz. Kleben Sie Flügel und Auge auf und fixieren Sie einen Ring aus Tonkarton (siehe Vorlage) auf der Rückseite der Ente. Er dient als Serviettenhalter.

Frohe Ostern!

Motivhöhe

8,5 cm – 17 cm

Material

- Tonkartonrest: gelb, hellbraun, orange
- Filz, A4: weiß, hellbraun
- Filzrest: orange, rot, gelb, schwarz
- 6 Wackelaugen: ø 1,2 cm
- 3 Federn: bunt

Vorlagenbogen 1B

Berta, das Huhn

Kleben Sie die Füllwatte und den Filz wie auf Seite 5 beschrieben auf. Ergänzen Sie den Kamm, den Schnabel, die Hautlappen und die Wackelaugen. Verschnüren Sie nun das Bündel Floristenbast mit dem Geschenkband. Mit etwas Klebstoff wird Berta darauf gesetzt und mit einer Schleife dekoriert. Ein idyllisches Hühnerleben!

Motivhöhe

ca. 16 cm

Material

- Tonkarton, A5: weiß
- Filz, A5: weiß
- Filzrest: rot, gelb
- Bund Floristenbast (ca. 21 cm lang)
- Schleifenband, 2,5 cm breit, 60 cm lang: rot kariert
- Schleifenband, 4 mm breit, 40 cm lang: rot
- 2 Wackelaugen, ø 1,8 cm

Vorlagenbogen 1B

Motivhöhe

ca. 13 cm

Material

- Tonkarton, A5: weiß
- Tonkartonrest: gelb, orange
- Filz, A5: weiß
- Schleifenband, 1,5 cm breit, 30 cm lang: blau kariert
- Schleifenband, 4 mm breit, 8 cm lang: blau
- 6 Holzperlen, ø 1 cm: gelb
- Wackelauge, ø 1,4 cm
- Messingstab, ø 2 mm

Vorlagenbogen 1B

Schnack, die kleine Ente

Kleben Sie die Füllwatte und den Filz wie auf Seite 5 beschrieben auf den Tonkarton auf. Sparen Sie dabei die Stellen aus, wo Schnabel und Fußteil angesetzt werden sollen. Schneiden Sie die überstehenden Filzränder ab und kleben Sie den Schnabel, das Fußteil sowie den Messingstab ein. Reihen Sie nun die Perlen auf und fixieren Sie die letzte mit etwas Klebstoff am Messingstab. Das Entchen erhält zuletzt sein Schleifchen. Fröhliches Geschnatter, kleine Ente!

Kuschel-ente

Motivhöhe

Ente ca. 26 cm

Material

- Tonkarton, A4: gelb
- Tonkartonrest: orange
- Filz, A4: gelb
- Filzrest: orange
- 2 Wackelaugen, ø 1,4 cm
- 10 Schachtelhalme, je 41 cm lang
- 4 Wachsperlen, ø 8 mm
- Schleifenband, 3,5 cm breit, 50 cm lang: orange

Vorlagenbogen 1A

Die Ente arbeiten Sie wie auf Seite 5 beschrieben aus Tonkarton, Filz und Füllwatte. Schnabel und Watschelbeine bekleben Sie ebenfalls mit gleichfarbigem Filz und fixieren sie auf der Unterseite der Ente. Kleben Sie nun die Wackelaugen auf. Sie können die Ente an Schachtelhalmen dekorieren. Dazu binden Sie diese mit etwas Draht zum Bündel zusammen, stecken einige auf Draht gefädelte Wachsperlen ein und platzieren eine schmückende Schleife. Sieht die Ente nicht herrlich tollpatschig aus?

Ein bunter Falter

Arbeiten Sie die Grundform des Schmetterlings aus rotem Tonkarton und Filz (siehe Seite 5). Fixieren Sie dann die einzelnen Flügelmuster. Kleben Sie den Draht (2 x ca. 8,5 cm) für die Fühler ein und gestalten Sie diese mit Perlen. Die letzte Perle fixieren Sie mit etwas Klebstoff am Draht. Fädeln Sie nach Belieben Perlen auf die gelben Geschenkbänder und befestigen Sie diese an dem Falter. Die Perlen am Körper werden jeweils zu dritt auf einen Draht gezogen. Verdrehen Sie die Drahtenden miteinander, so entstehen die Perlendreiecke, die Sie in den Körper stecken. Flieg, bunter Falter!

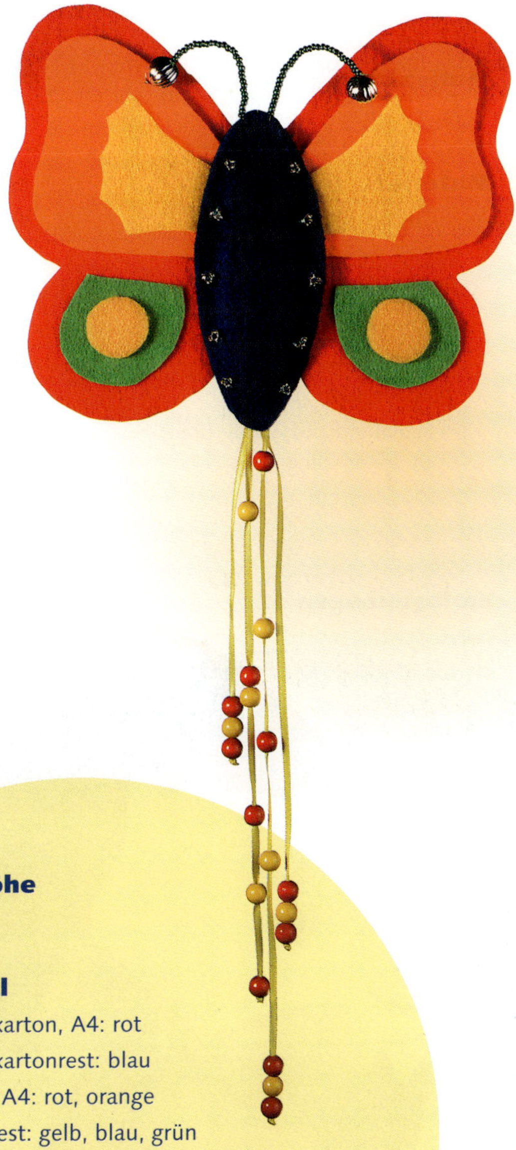

Motivhöhe

17 cm

Material

- Tonkarton, A4: rot
- Tonkartonrest: blau
- Filz, A4: rot, orange
- Filzrest: gelb, blau, grün
- Indianerperlen mit Silbereinzug, ø 2,5 mm: kristall (Körper), grün (Fühler)
- 2 Silberperlen, ø 1,2 cm
- Satinband, 4 mm breit, 80 cm lang: gelb
- Holzperlen, ø 0,8 cm: 8 x gelb, 11 x rot

Vorlagenbogen 2A

Motivhöhe

ca. 17 cm

Material

- Tonkarton, A4: weiß
- Filz, A4: weiß
- Filzrest: schwarz
- Wackelauge, ø 1,4 cm
- Schleifenband, 2,5 cm breit, 40 cm lang: rot
- Schleifenband, 7 mm breit, ca. 80 cm lang: rot
- Messingstab, ø 2 mm
- Zange

Vorlagenbogen 1B

Hier wache ich!

Der weiße Filzhund erhält wie auf Seite 5 beschrieben seinen dicken Bauch. Kleben Sie nun die Nase sowie das Wackelauge auf und ziehen Sie den Mundstrich mit einem schwarzen Filzstift. Den Messingstab teilen Sie mit der Zange in zwei gleich lange Stücke, die als Stecker an der Rückseite der Hundebeine fixiert werden. Statt eines Halsbandes trägt dieses niedliche Tier eine Schleife. Ein besonders liebes Haustier, zum Gassigehen nehmen Sie ihn aber sicherheitshalber an die Leine!

Motivhöhe
ca. 29 cm

Material
- Tonkarton, A4: gelb
- Tonkartonrest: orange, rot, grün
- Filz, A4: gelb
- Filzrest: rot
- Wackelauge, ø 1,8 cm

Vorlagenbogen 2A

Kleines Küken

Ganz dick ist der Bauch dieser kleinen Ente, die Sie wie auf Seite 5 beschrieben arbeiten. Den Schnabel mit dem aufgemalten Strich und das Beinpaar kleben Sie von der Rückseite an das Tier. Fixieren Sie nun das Auge und das gepunktete Halstuch. Kleben Sie den Filz flächig auf roten Tonkarton, dann lässt er sich besser ausschneiden. Die Punkte stanzen Sie mit einem Locher aus. So ist die Ente gut gerüstet für einen ersten abenteuerlichen Ausflug.

Ein Blümchen für dich!

Zeichnen Sie dem Bären das Gesicht und alle gepunkteten Linien (siehe Vorlagenbogen) auf. Kleben Sie die blaue Filzhose mit dem Gürtel flächig auf den Körper. Die gelbe Filztasche stopfen Sie mit sehr wenig Füllwatte aus (siehe Seite 5). Fixieren Sie dann die Nase, das Ohrinnenteil sowie das Armpaar, mit dem der Teddy das Glasröhrchen hält. Für das Halstuch kleben Sie den Filz flächig auf Tonkarton, so lässt er sich besser ausschneiden. Zum Aufhängen ziehen Sie einen Faden durch die Bärennase. Auf seiner Wiese wartet der knuddlige Teddy. Vielleicht auf Sie?

Motivhöhe

ca. 36 cm

Material

- Tonkarton, A3: hellbraun
- Tonkartonrest: schwarz, mittelbraun, rot, grün, grün mit Blümchenmuster
- Filz, A5: blau
- Filzrest: gelb, rot
- Glasröhrchen, ø 2 cm, 15 cm lang

Vorlagenbogen 2A

Tipp

Zum Austarieren nehmen Sie die Bärennase zwischen Zeigefinger und Daumen. Hängt das Motiv gerade, haben Sie zwischen Ihren Fingern den Punkt gefunden, durch den der Faden gezogen werden muss. Achtung: Je nach Vaseninhalt ändern sich Gewicht und Schwerpunkt.

Muh, sagt die Kuh

Den Körper der Kuh mit dem dicken Bauch arbeiten Sie wie auf Seite 5 beschrieben. Sparen Sie beim Zusammenkleben von Filz und Tonkarton den Bereich des Euters aus. Es ist aus Tonkarton und wird, beidseitig an den Rändern mit Klebstoff bestrichen, nachträglich eingeklebt. Für das Gesicht kleben Sie den Filz flächig auf Tonkarton und setzen das Maulteil, das schwarze Haarteil und die Hörner auf. Fixieren Sie die schwarzen Flecken auf dem Körper sowie auf der Schwanzspitze und fügen Sie Kopf und Körper zusammen. Die Kuh grüßt vom Bastbündel herunter, in das sie geklebt wird. Hallo, du!

Motivhöhe

Kuh ca. 18,5 cm

Material

- Filz, A3: weiß
- Filz, A4: schwarz
- Tonkartonrest: rosa, braun
- Tonkarton, A3: weiß
- 2 Wackelaugen, ø 1,4 cm
- 1 Bund Floristenbast (ca. 25 cm breit)
- Schleifenband, 2,5 cm breit, 60 cm lang: rot kariert
- Schleifenband, 4 mm breit, 8 cm lang: weiß

Vorlagenbogen 2B

Motivhöhe

Igel ca. 12 cm

Material

- Tonkartonrest: braun, schwarz, weiß, rot, orange, grün
- Filzrest: braun, rot, weiß, grün, orange
- Wackelauge, ø 1,2 cm
- Geschenkband, 2 cm breit, 32 cm lang: grün-gelb kariert
- 15 Stöckchen, ca. 24 cm-28 cm lang

Vorlagenbogen 2B

Herbstzeit

Schneiden Sie den Tonkartonkörper des Igels zu und zeichnen Sie ihm das Gesicht auf. Das Stachelkleid und die Pilzhüte aus Filz polstern Sie gut aus (siehe Seite 5). Für die herbstlichen Blätter und die Pilzstiele bekleben Sie farblich passenden Tonkarton flächig mit Filz. Setzen Sie die Pilze zusammen, fixieren Sie die weißen Punkte und kleben Sie Tonkartonnase und Wackelauge auf das Igelgesicht. Der Igel wird mit etwas Klebstoff am Holzbündel befestigt und mit der Schleife verziert. Die Blätter und Pilze hängen Sie mit Nähfaden an. Auf zum Spaziergang im herbstlichen Wald!

Es schneit!

Polstern Sie den Bauch des Schneemannes gut aus (siehe Seite 5), die Augen und den Mund malen Sie auf. Fixieren Sie den Zylinder von der Rückseite, ihn schmückt ein Filzstreifen. Für die Handschuhe kleben Sie den Filz flächig auf Tonkarton, ebenso beim Schal, auf den Sie viele ausgestanzte Punkte setzen.
Falten Sie einen Streifen Filz (37 cm x 8 cm) der Länge nach und legen Sie in die Knickfalte eine Messingstange ein, bevor Sie den Filz zusammenkleben. Erst dann schneiden Sie die Eiszapfen heraus. Für die Schneeflocken kleben Sie je zwei Kreise auf einem Faden zusammen. Als Aufhängung verwenden Sie ein weißes Schleifenband. Schöne weiße Winterzeit!

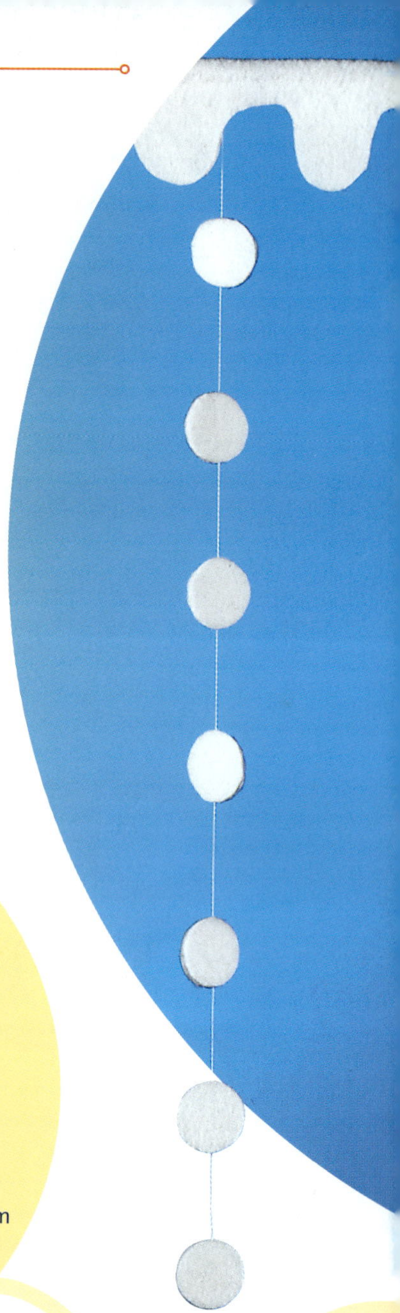

Motivhöhe

Schneemann ca. 23 cm

Material

- Tonkarton, A4: weiß
- Tonkartonrest: schwarz, rot
- Filz, A3: weiß
- Filzrest: grün, rot, gelb
- Messingstange, ø 0,2 cm, 38 cm lang
- Schleifenband, 4 mm breit, 80 cm lang: weiß

Vorlagenbogen 2B

Nikolaus-geschenk

Für den Körper und die Arme des Nikolauses kleben Sie roten Filz flächig auf Tonkarton. Das Gesicht, das Sie unter dem Bart fixieren, sowie die leicht ausgepolsterte Bommel (siehe Seite 5) setzen Sie auf den Körper auf. Gestalten Sie das Gesicht mit der Filznase und malen Sie Augen und Mund auf. Arbeiten Sie nun das Körbchen: Den Boden befestigen Sie an der gestrichelten Fläche (siehe Vorlagenbogen) am Körper des Nikolauses. Knicken Sie dann den gezackten Bodenrand nach oben und befestigen Sie daran den Körbchenrand. Darauf werden laut Abbildung die Nikolausarme und der Stern aus Filz geklebt. Was der Nikolaus wohl dieses Jahr bringt?

Motivhöhe
ca. 24,5 cm

Material Nikolaus
- Tonkarton, A4: rot, hellbraun
- Tonkartonrest: weiß
- Filz, A4: rot
- Filzrest: weiß, haut, gelb

Vorlagenbogen 2A

Motivhöhe
ca. 23,5 cm

Material Rabe
- Tonkarton, A4: rot, weiß
- Tonkartonrest: schwarz, orange, gelb, grün
- Filz, A4: weiß
- Filzrest: gelb, blau

Vorlagenbogen 2B

Eiskalt

(Abbildung auf Seite 32)

Diesen Vogel arbeiten Sie aus Tonkarton, nur Schal und Schnabel sowie die Schneefläche sind aus Filz. Fixieren Sie die Augen, den Haarschopf sowie die Krallen des Vogels und zeichnen Sie alle gepunkteten Linien (siehe Vorlagenbogen) auf. Kleben Sie nun den Schal mit den ausgestanzten Punkten auf. Schneiden Sie die Schalenden mit der Schere ein und ziehen Sie die Fransen beim Festkleben etwas auseinander. Der Schnabel sowie die Schneefläche werden wie auf Seite 5 beschrieben unterpolstert und anschließend aufgeklebt. Mit einem Filzstift malen Sie die Schnabelstriche auf. Auf der eisigen Fläche fühlt der Vogel sich sehr wohl.

Eiskalt

(Beschreibung auf Seite 30)